AF313547

CATALOGUE

DE

TABLEAUX

PAR

P. ANDRIEU

ET DE

Tableaux et Esquisses

Par Bonington, Géricault et Gros

TABLEAUX ET ESQUISSES

PAR

E. DELACROIX

Le tout composant sa Collection

ET DONT LA VENTE AURA LIEU

PAR SUITE DE SON DÉCÈS

HOTEL DROUOT, SALLE N° 1

Les Vendredi 6 et Jeudi 7 Mai 1892

à 2 heures

Par le Ministère de M⁰ **LÉON TUAL**, commissaire-priseur

56, rue de la Victoire, 56

EXPERT : **M. P. DETRIMONT**, assisté de **M. DETRIMONT** père

35, avenue de l'Opéra, 35

Chez lesquels se distribue le présent Catalogue.

EXPOSITION

Le Jeudi 5 Mai 1892, de 1 heure 1/2 à 5 heures 1/2

CONDITIONS DE LA VENTE

La vente sera faite au comptant.

Les acquéreurs payeront, en sus de leur adjudication, *cinq pour cent*.

Paris — Imp. de l'Art, E Ménard et Cⁱᵉ, 41, rue de la Victoire.

L E 30 janvier de cette année, un cortège nombreux d'artistes, de fonctionnaires et d'élèves accompagnait au cimetière Pierre Andrieu. Tous avaient tenu à rendre ce dernier hommage à cet homme vaillant et modeste, dont la vie avait été le plus bel exemple de fidélité, de dévouement et d'admiration pour son maître Eugène Delacroix.

Nous croyons bien faire en reproduisant ici les paroles prononcées sur la tombe de Pierre Andrieu par M. Paul Colin, inspecteur principal à la direction des Beaux-Arts.

« Messieurs,

« M. le Ministre de l'Instruction publique et des Beaux-Arts m'a confié la douloureuse mission de prendre ici la parole en son nom.

« En nous rencontrant au bord de cette tombe, notre pensée évoque des souvenirs déjà lointains où notre regretté collègue et ami plein de force et de santé prenait une part active à nos travaux, ne se plaignant jamais et toujours prêt à faire son devoir, tout son devoir.

« Tel nous l'avions connu alors, tel il était resté il y a quelques jours à peine, quand l'impitoyable destin est venu le terrasser.

« Oui Messieurs, Andrieu fut toute sa vie le même homme infatigable et bon; doué d'une énergie peu commune, il était de ceux qui n'épargnent ni le travail ni la peine et savent rendre en services constants la confiance qu'on a bien voulu mettre en eux.

« Tout en luttant pour l'existence et après avoir étudié quelques années à Toulouse, il vint à Paris faire un court stage à l'École des Beaux-Arts. Il entra ensuite dans l'atelier d'Eugène Delacroix; il devint non seulement l'élève favori du maître, mais à partir de ce moment le fidèle compagnon de travail de toute sa vie.

« C'est dans le commerce incessant de cet esprit supérieur et de ce grand génie artistique qu'Andrieu se forma.

« Personne n'était plus intéressant à écouter quand il parlait de son Delacroix qui lui appar-

tenait, qui était à lui, dont il avait été le con·
fident intime des jours de gloire et surtout
des angoisses que suscite l'ardeur du génie,
comme était celui du peintre de l'*Entrée des
croisés à Constantinople,* du plafond de la galerie d'Apollon et de tant d'autres chefs-d'œuvre.

« Il fut ce collaborateur de chaque jour,
inspirant une telle confiance que Delacroix lui
écrivait à propos de la chapelle de Saint-Sulpice : « Installez-vous à l'église comme chez
« vous et marchez esquisse en main comme
« si vous faisiez votre propre tableau. » Nous
retrouvons à chaque pas dans la correspon-
dance du maître cette confiance si bien placée
dans le talent d'Andrieu : « Allez à l'Hôtel
« de ville et refaites-moi un ciel plus clair »,
lui écrivait-il une autre fois; il s'agissait du
Salon de la Paix, œuvre détruite aujourd'hui,
dont Andrieu a religieusement conservé les des-
sins originaux que son maître lui avait légués. »

« A la mort de Delacroix, Andrieu fut
comme perdu au milieu d'un courant artistique
qu'il ne connaissait pas, n'ayant vécu qu'avec
la pensée du maître qui lui-même ne regardait
que dans son propre cerveau.

« Il fut nommé quelques années plus tard maître de dessin à l'École polytechnique, il sut là, comme ailleurs, s'y créer parmi ses collègues les plus vives amitiés. Peu de temps après, le ministère des arts lui confia une tâche digne de sa bonne volonté et de son expérience, en le désignant comme inspecteur de l'enseignement du dessin et des musées.

« Il apporta dans ces nouvelles fonctions la même fidélité aux devoirs à remplir, le même entrain, la même cordialité, et cet amour et cette passion pour la propagation de doctrines dont l'art est le drapeau.

« Personne plus qu'Andrieu n'adorait la jeunesse, personne n'en était plus aimé ; ce trait distinctif de son caractère explique les sympathies dont il a été entouré jusqu'à ses derniers moments.

« Mais en présence d'une semblable douleur on cherche en vain des consolations ! plus tard sa chère famille les trouvera dans le souvenir d'une vie si bien remplie, dans les affections que celui qu'elle pleure a su si bien mériter.

« Pour nous qui avons été les témoins de sa vie quotidienne et les témoins émus des épreuves de ses derniers moments, nous apportons devant ce tombeau des sentiments respectueusement attendris. »

Ces paroles si profondément senties peignent bien le caractère de cet excellent artiste, qui ne consentit jamais à se séparer des précieuses reliques recueillies après la mort de son maître.

En effet, nous trouvons dans le testament d'Eugène Delacroix dicté à ses notaires dix jours avant sa mort, le 3 août 1863, le passage suivant :

« Je laisse à Pierre Andrieu, peintre, une somme de 15,000 francs, plus mes esquisses de la chapelle Saint-Sulpice, plus un lion couché peint par moi sur toile, plus une copie par lui des femmes d'Alger, plus les croquis que j'ai faits pour le Salon de la Paix. »

Si le maître n'avait pas oublié l'élève comme en font foi les lignes précédentes, l'élève conserva toute sa vie cet héritage qui lui faisait revivre le temps passé. Bien plus, il l'augmenta en achetant à la vente de Delacroix nombre d'esquisses, utilisant ainsi la générosité de son bienfaiteur et comme pour lui rendre encore un suprême hommage.

C'est la majeure partie de tout ce qui constituait la petite fortune de Pierre Andrieu qui va être soumise aux enchères des amateurs. Cette vente se compose donc d'études faites souvent en vue des travaux du maître, de copies d'après ses tableaux et d'originaux d'Eugène Delacroix. Nous n'avons pas besoin, ce nous semble, d'en signaler le haut intérêt et nous les livrons avec confiance à l'appréciation du public.

***

DÉSIGNATION

PEINTURE

13 — *Fleurs.*

14 — *Fruits.*

15 — *Sainte Famille.*

16 — *Garde-chasse.*

17 — *Pêcheur à la ligne.*

18 — *Anémones.*

19 — *Roses.*

20 — *Marine.*

21 — *Tigre mangeant.*

22 — *Lion dévorant une chèvre.*

23 — *Pâturage dans le Midi.*

24 — *Paysage des Pyrénées.*

25 — *Laveuses près Amplepuis.*

26 — *Étude de femme.*

27 — *Tigre au repos.*

28 — *Relais de chiens.*

29 — *Tigre couché.*

30 — *Roses.*

31 — *Le Ruisseau de Fenouillet.*

51 — *Lion dévorant une chèvre.*

52 — *Tigre couché.*

53 — *Le Tigre « Néron ».*

54 — *Bouquet de fleurs.*

55 — *Intérieur d'église italienne.*

56 — *Le Christ au jardin des Oliviers.*

57 — *Jaguard dévorant une chèvre.*

58 — *Étude de chevaux.*

59 — *Étude de lions et de tigres.*

60 — *Étude de plafond.*

61 — *Fleurs et fruits.*

62 — *Sept Études pour l'église du Mans.*

63 — *Tigre.*

64 — *Tigre.*

65 — *Tigre.*

66 — *Tigre jouant.*

67 — *Lionne.*

68 — *Cavaliers arabes.* (Peinture à la cire.)

69 — *Lionne.*

70 — *Projet de tableau.*

71 — *Chasse aux lions.*

72 — *Projet de tableau.*

73 — *Près du moulin à Fenouillet.*

74 — *Paysage; effet d'hiver.*

75 — *Étude de chiens.*

76 — *Tigre assis.*

77 — *La Source.*

78 — *Projet de plafond.*

79 — *Tigre sur un rocher.*

80 — *Étude de lion.*

81 — *La Chasse aux lions.*

82 — *Dans le parc.*

COPIES D'APRÈS LES MAITRES

98 — *Socrate et son démon.* D'après Eug. Delacroix.

99 — *Mort de Pline l'Ancien.* Id.

100 — *Aristote décrit les animaux que lui envoie Alexandre.* Id.

101 — *Hippocrate refuse les présents du roi de Perse.* Id.

102 — *Archimède tué par le soldat de Marcellus.* Id.

GRANDS CAISSONS DE PLAFOND AU SALON DU ROI
(CHAMBRE DES DÉPUTÉS)

103 — *La Justice.* Id.

104 — *L'Industrie.* Id.

105 — *L'Agriculture.* Id.

106 — *La Guerre.* Id.

SALON DU ROI (CHAMBRE DES DÉPUTÉS)

107 — *La Méditerranée; l'Océan.* Id.

108 — *La Loire; le Rhin.* Id.

109 — *La Seine; le Rhône.* Id.

110 — *La Saône; la Garonne.* Id.

SALLE DU TRÔNE (CHAMBRE DES DÉPUTÉS)

111 — *Agriculture; Justice.* Id.

112 — *Industrie; Guerre.* Id.

113-113 *bis* — *Décoration.*   D'après Eug. Delacroix.

114 — *La Paix vient consoler les hommes et ramène l'abondance.* (Plafond de l'ancien Hôtel de Ville.)   Id.

115 — *Hémicycle d'Alexandre*, au Luxembourg.   Id.

116 — *Étude pour la coupole*, au Luxembourg.   Id.

117 — *Plafond de la Galerie d'Apollon.*   Id.

118 — *Saint Michel terrassant le démon.* Plafond de Saint-Sulpice.   Id.

119 — *Lutte de Jacob avec l'Ange.*   Id.

120 — *Héliodore chassé du temple.*   Id.

121 — *Daniel dans la fosse aux lions.*   Id.

122 — *Orphée vient enseigner aux Grecs les arts de la Paix.*   Id.

123-123 *bis* — *Femmes d'Alger.*   Id.

124 — *Femmes d'Alger.*   Id.

125 — *La Noce juive.* Musée du Louvre.   Id.

126 — *Entrée des croisés à Constantinople.* Musée de Versailles.   Id.

127 — *Les Convulsionnaires de Tanger.*   Id.

128 — *Bataille de Taillebourg.* Musée de Versailles.   Id.

129-129 *bis* — *Médée.* Musée de Lille.   Id.

130 — *Sardanapale.* D'après Eug. Delacroix.

131 — *Étude pour le Sardanapale.* Id.

132 — *Jésus dans la tempête.* Id.

133 — *Jésus dans la tempête.* Id.

134 — *Marine.* Id.

135 — *Le Christ au tombeau.* Id.

136 — *Jésus au jardin des Oliviers.* Id.

137 — *Arabe et son cheval.* Musée de Bordeaux. Id.

138 — *Trajan.* Id.

139 — *La Barque de don Juan.* Id.

140 — *La Grèce expirant sur les ruines de Misso-longhi.* Id.

141 — *La Liberté ou le 28 Juillet 1830.* Id.

142 — *La Barque du Dante.* id.

143 — *Disciples et Saintes Femmes relevant le corps de saint Étienne.* Id.

144 — *Pieta.* Église du Saint-Sacrement. Id.

145 — *Chasse aux lions.* Id.

146 — *Le Concert arabe.* Musée de Tours. Id.

147 — *Bataille de Nancy.* Musée de Nancy. Id.

148 — *Persée et Andromède.*   D'après Eug. Delacroix.

149 — *Fantasia arabe.* Musée de Montpellier.   Id.

150 — *Naufrage à la Côte.*   Id.

151 — *Lion.*   Id.

152 — *Chef arabe visitant une tribu.*   Id.

153 — *Massacre de Scio.*   Id.

154 — *Lelia.*   Id.

155 — *Lion.*   Id.

156 — *Christ en croix.*   Id.

157 — *La Chasse aux lions.*   D'après Rubens.

158 — *Christ en croix.*   Id.

159 — *Copie.*   Id.

160 — *Christ.*   Id.

161 — *Tête de lion et enfant.*   Id.

162 — *Amours et armure.*   Id.

163 — *Andromède.*   D'après Véronèse.

164 — *Copie.*   Id.

165 — *Chiens.*	D'après Oudry.
166 — *Chiens en arrêt.*	Id.
167 — *Chien lévrier.*	Id.
168 — *Chien d'arrêt.*	Id.

TABLEAUX

Par E. DELACROIX

169 — *Angélique et Roger.*

170 — *Projet de dessus de porte pour le Luxembourg.*

171 — *Jaguard. Étude.*

172 — *Étude de femme.*

173 — *Femme étendue sur un sofa.*

174 — *Lion dévorant un crocodile.*

175 — *Étude de femme.*

176 — *Étude de jambe.*

177 — *Esquisse pour la Chambre des pairs.*

178 — *Esquisse pour la Chambre des pairs.*

179 — *Le Guerrier blessé.*

180 — *Faust, Méphisto et le barbet.*

181 — *Académie d'homme debout.*

182 — *Attila.* Esquisse pour la Chambre des députés.

183 — *Diane surprise par Actéon, ou l'Été.*

184 — *Bacchus rencontre Ariane,* ou *l'Automne.*

185 — *Junon implore Éole,* ou *l'Hiver.*

186 — *Eurydice cueillant des fleurs,* ou *le Printemps.*

187 — *Castor et Pollux,* d'après Rubens.

188 — *Saint Jérôme.*

189 — *Orphée.*

190 — *La Muse d'Aristote.*

191 — *Cicéron.*

192 — *Martyre de saint Étienne.*

CAISSONS DE L'ANCIEN HÔTEL DE VILLE

193 — *Bacchus.*

194 — *Minerve.*

195 — *La Muse Clio.*

196 — *Vénus.*

197 — *Mars enchaîné.*

198 — *Mercure, dieu du Commerce.*

199 — **Hercule** *enchaîne Nérée.*

TYMPANS POUR L'ANCIEN HÔTEL DE VILLE.

200 — *Hercule étouffe Antée.*

201 — *Hercule délivre* **Hésione.**

202 — *Hercule tue le centaure Nessus.*

203 — *Hercule rapporte sur ses épaules le sanglier d'Érymanthe.*

204 — *Hercule vainqueur d'Hippolyte.*

205 — *Hercule entre le Vice et la Vertu.*

206 — *Paysage à Champrosay.*

207 — *Paysage à Champrosay.*

208 — *Madeleine.*

TABLEAUX

Par divers

BONINGTON

209 — *Femmes normandes. Étude.*

GÉRICAULT

210 — *Portrait d'Eugène Delacroix*

GROS

211 — *Tête.*

212 — Sous ce numéro seront vendus les chevalets et différents objets d'atelier ayant appartenu à Eugène Delacroix.

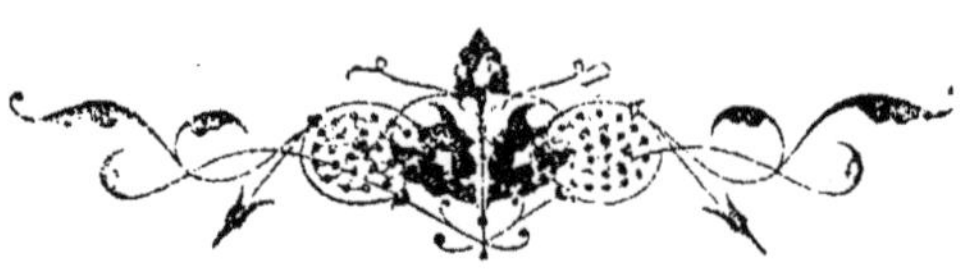